CONTINENTES

Australia y Oceanía

Mary Virginia Fox

Heinemann Library
Chicago, Illinois

Designed by Joanna Hinton-Malivoire and Q2A Creative
Printed in China by South China Printing Company
Translation into Spanish by DoubleO Publishing Services

13 12 11 10 09
10 9 8 7 6 5 4 3 2 1

ISBN-10: 1-4329-1752-8 (hc) – ISBN-10: 1-4329-1760-9 (pb)
ISBN-13: 978-1-4329-1752-4 (hc) – ISBN-13: 978-1-4329-1760-9 (pb)

Library of Congress Cataloguing-in-Publication Data

Fox, Mary Virginia.
   [Australia. English]
   Australia y Oceanía / Mary Virginia Fox.
      p. cm. – (Continentes)
   Includes index.
   ISBN-13: 978-1-4329-1752-4 (hardcover)
   ISBN-10: 1-4329-1752-8 (hardcover)
   ISBN-13: 978-1-4329-1760-9 (pbk.)
   ISBN-10: 1-4329-1760-9 (pbk.)
   1. Australia–Juvenile literature. I. Title.
   DU96.F717 2008
   994–dc22
                              2008019413

Acknowledgments
The publishers are grateful to the following for permission to reproduce copyright material: Animals Animals: Hans & Judy Beste p. 15; Bruce Coleman Inc.: Norman Owen Tomalin, pp. 14, 23, Hans Reinhard p. 16, Eric Crichton p. 21, Bob Burch p. 27; Corbis: Theo Allofs p.11, Patrick Ward p. 25; Earth Scenes: Dani/Jeske pp. 5, 17, Michael Fogden, p. 6; Getty Images: Photographer's Choice/ Ross Woodhall p. 8; Peter Arnold: J.P. Perrero p. 12, John Cancalosi p. 19; Photo Researchers: Georg Gerster p. 22; A. Flowers & L. Newman, p. 29; Tony Stone: Robin Smith p. 24, Doug Armand p. 28.

Cover photograph of Australia, reproduced with permission of Science Photo Library/ Worldsat International and J. Knighton.

The publishers would like to thank Kathy Peltan, Keith Lye, and Nancy Harris for their assistance in the preparation of this book.

Every effort has been made to contact copyright holders of any material reproduced in this book. Any omissions will be rectified in subsequent printings if notice is given to the publishers.

Algunas palabras aparecen en negrita, **como éstas**.
Puedes averiguar sus significados en el glosario.

Contenido

¿Dónde queda Australia?

Un continente es una extensión de tierra muy grande. En el mundo hay siete continentes. Australia es el continente más pequeño. Australia se encuentra por debajo del **ecuador**. El ecuador es una línea imaginaria ubicada alrededor del centro de la Tierra.

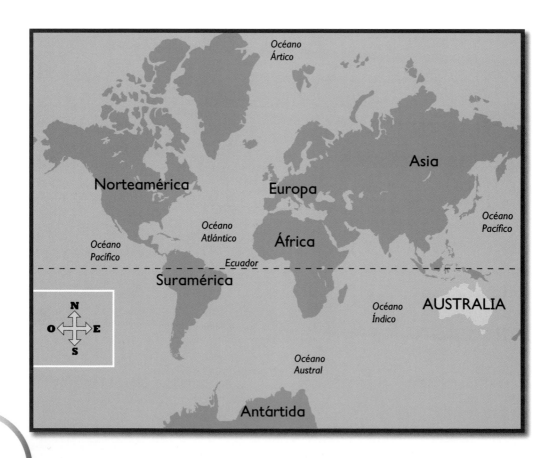

▲ *Australia es una isla muy grande rodeada por el océano.*

Australia es una isla grande, por lo tanto, está rodeada por grandes masas de agua. En el oeste se encuentra el océano Índico, y hacia el sur, el océano Antártico. Al este se encuentra el océano Pacífico. Al sur está la isla estado de Tasmania, que también forma parte de Australia.

Clima

En Australia, el invierno transcurre de junio a septiembre. En los Estados Unidos es la temporada de verano. El clima en la mayor parte de Australia es muy caluroso y seco. En verano, la temperatura suele alcanzar más de 38 °C (100 °F). Existe una corta estación de lluvia.

El **interior australiano** es una enorme región seca y despoblada.

▲ *La tierra del interior australiano es muy seca.*

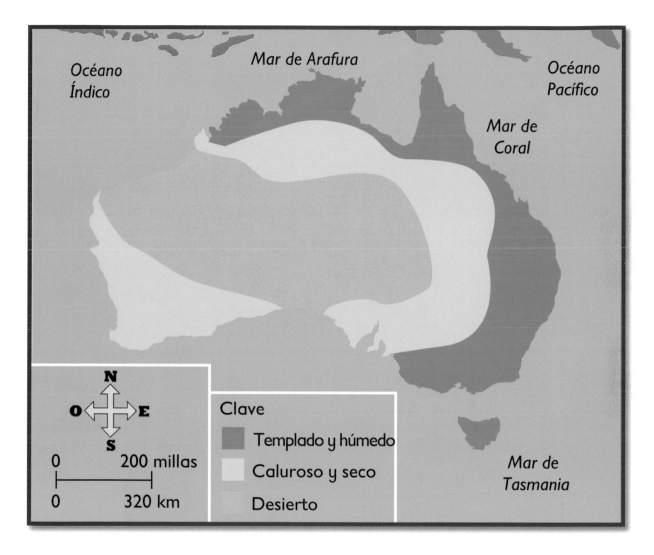

La región norte de Australia está cerca del
ecuador. En las cercanías del ecuador, el clima
es muy caluroso y húmedo. En la parte sur del
continente, los inviernos son muy fríos. A veces
nieva en el sureste de Australia.

Montañas

▲ *Esquí en Nueva Zelanda.*

Australia tiene pocas montañas altas. La montaña más alta es el monte Kosciuszko. Al sureste de Australia se encuentra el país de Nueva Zelanda. Nueva Zelanda tiene muchos **picos** altos cubiertos de nieve. Allí, los australianos pueden esquiar y practicar *snowboard*.

Australia tiene una cadena montañosa denominada cordillera Divisoria. De un lado de las montañas el clima es caluroso y seco. Del otro lado, es cálido y húmedo. La mayoría de los australianos vive en ciudades cerca de las costas. Pocas personas viven en los **desiertos** de la región central de Australia.

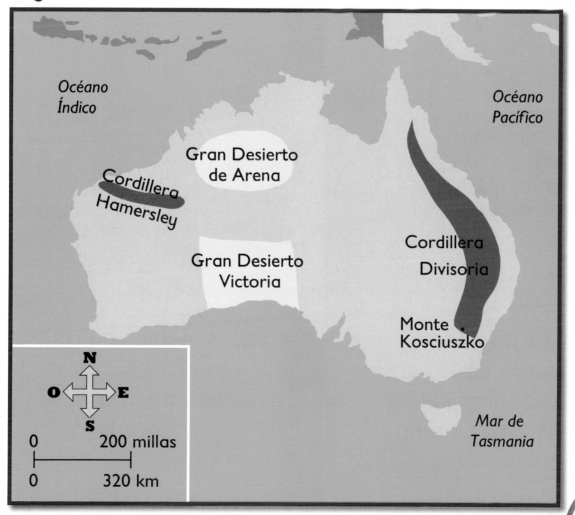

Ríos

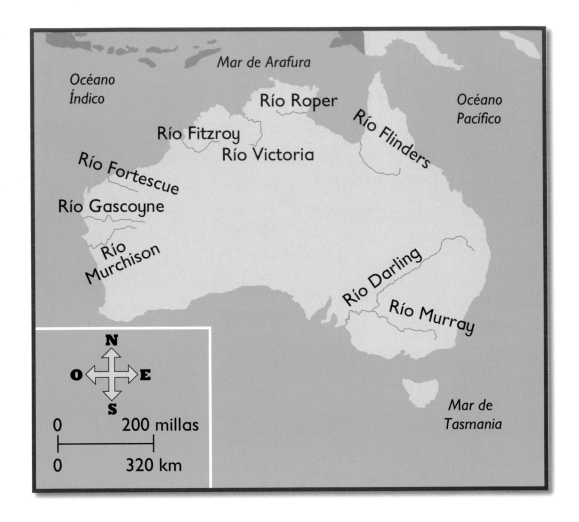

Los principales ríos de Australia se encuentran cerca de las costas del país. Los ríos Murray y Darling se unen y se convierten en el río Murray-Darling. Parte de la mejor tierra de cultivo se encuentra en el valle de Murray.

Alrededor de dos tercios de Australia es **desierto**. El **clima** en ellos es muy seco. Muchos ríos de la región central de Australia se secan completamente durante los calurosos meses de verano.

▲ *Este río se ha secado por completo.*

Lagos

El lago Eyre es el más grande de Australia.
Este lago de **agua salada** está casi vacío la
mayor parte del año. Muchos lagos australianos
permanecen secos durante una parte del año.
Esto se debe a que hay pocas lluvias.

El lago Eyre
se ha llenado
completamente
sólo tres veces
en los últimos
100 años.

▲ *El lago Eyre se encuentra en el sur de Australia.*

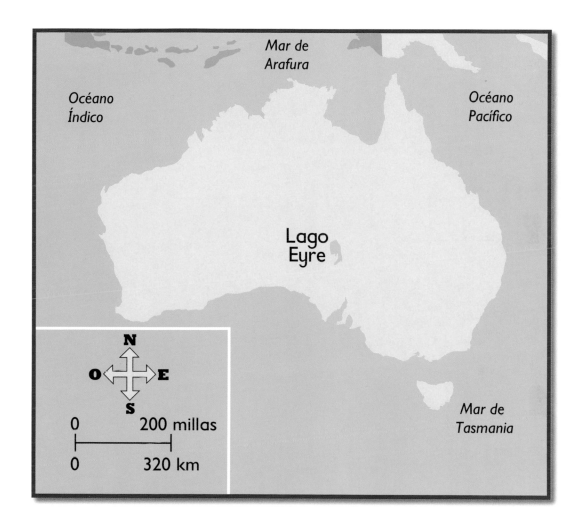

El lago Eyre se encuentra en la zona más baja de Australia y lo visitan muchos turistas. Algunos acampan en un gran parque que rodea el lago. Cuando el lago está seco, el suelo queda cubierto de sal y arcilla.

Animales

El emú puede correr a 30 millas (48 kilómetros) por hora.

▲ *Este emú está galopando en el campo.*

En Australia viven algunos animales poco comunes. El emú es un ave que puede pesar más de 100 libras (45 kilogramos) y alcanzar la altura de una persona, pero no puede volar.

Los canguros y los koalas sólo se encuentran en Australia. Las hembras del canguro tienen una **bolsa ventral** para cargar y alimentar sus crías. El ornitorrinco tiene patas **palmeadas** y un pico chato, como los patos.

▼ *Un canguro hembra y su cria.*

Las crías de canguro son diminutas cuando nacen. Se arrastran hasta subir a la bolsa ventral de su madre. Permanecen allí cerca de seis meses.

Vegetación

El eucalipto crece en muchas partes de Australia. Estos árboles pueden crecer en cualquier **clima** de Australia. Las **selvas tropicales** se encuentran en el norte y noreste del continente.

Hay más de 500 especies de eucaliptos.

▲ *Los eucaliptos crecen en Australia.*

▲ *La pata de canguro es espinosa.*

En el oeste de Australia crecen flores silvestres, como la espinosa pata de canguro. Estas flores crecen durante la temporada de lluvia. Las semillas de algunas plantas de **desierto** yacen en el caluroso desierto durante años, esperando la lluvia.

Población

Hace unos 40,000 años comenzaron a llegar a la región norte de Australia personas provenientes del sureste de Asia. Los primeros pobladores de Australia se llamaban **aborígenes**, y han vivido en Australia durante miles de años.

▼ *Estos son niños aborígenes.*

En el pasado existieron cerca de 250 idiomas australianos. Pero, en la actualidad, sólo se hablan unos pocos.

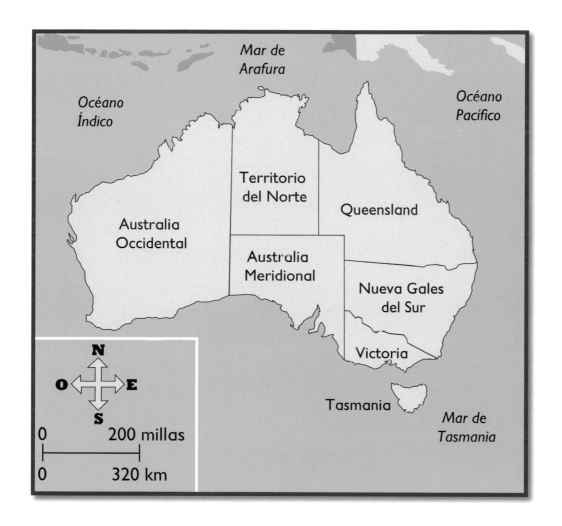

Océano Índico

Mar de Arafura

Océano Pacífico

Australia Occidental

Territorio del Norte

Queensland

Australia Meridional

Nueva Gales del Sur

Victoria

Tasmania

Mar de Tasmania

N
O E
S

0   200 millas

0   320 km

El explorador y capitán británico James Cook llegó a Australia hace más de 200 años. Después de su llegada, muchos europeos se trasladaron allí. Dividieron el continente en seis regiones. Muchas de las personas que vivían allí comenzaron a hablar inglés.

Ciudades

En este mapa se muestran algunas de las ciudades más importantes de Australia. La **capital** de Australia es Canberra. Darwin es un puerto muy importante y un centro dedicado a la **minería**. La costa de Oro tiene hermosas playas y muchos hoteles grandes.

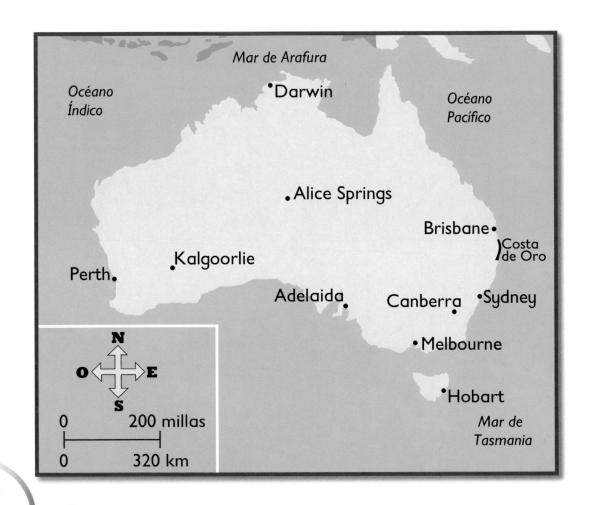

Mar de Arafura

Océano Índico

Océano Pacífico

•Darwin

•Alice Springs

Brisbane•

)Costa de Oro

Kalgoorlie•

Perth•

Adelaida•

Canberra• •Sydney

•Melbourne

•Hobart

Mar de Tasmania

N

O E

S

0   200 millas

0   320 km

Estos tranvías llevan a los pasajeros por el centro de la ciudad.

▲ *En Melbourne circulan tranvías.*

Melbourne es la segunda ciudad más grande de Australia, después de Sydney. Se construyó con el dinero obtenido de la extracción de oro. En la actualidad, Melbourne es un importante centro artístico, teatral y musical. Cuenta con tres universidades y muchas oficinas y fábricas.

Grandes yates participan en regatas cerca de Perth.

▲ *Perth se encuentra al oeste de Australia.*

Perth es la ciudad más grande de la costa oeste de Australia. La ciudad y sus suburbios cuentan con hermosas playas y parques. Perth es también un hermoso lugar para navegar en **yate**.

La mayoría de los australianos vive en ciudades costeras. Algunas personas viven en las cercanías del centro de la ciudad, pero muchos hogares se encuentran en los suburbios que rodean a las ciudades.

En Australia hay mucho espacio, y las casas generalmente tienen grandes jardines.

▲ *Esta casa australiana está en un barrio residencial.*

Fuera de las ciudades

Lejos de las ciudades, la región despoblada del **interior australiano** se extiende varios miles de millas. Los criadores de ganado vacuno y ovino viven en grandes **haciendas**.

Las ciudades de Australia están muy alejadas unas de otras.

▲ *Los niños escuchan sus clases por radio.*

Muchos niños del interior del país viven lejos de
las escuelas. Reciben sus clases por radio o por
computadora y no en una escuela. Si una persona se
enferma en el desierto australiano, un "doctor aéreo"
viaja en un pequeño avión para atenderla.

Lugares famosos

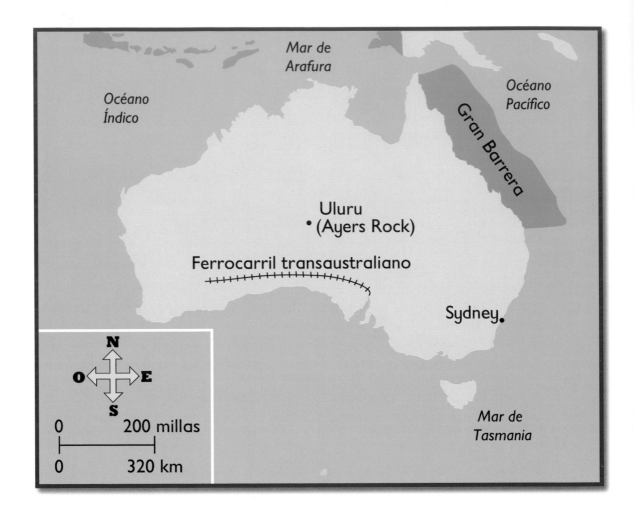

Mar de Arafura

Océano Índico

Océano Pacífico

Gran Barrera

Uluru
• (Ayers Rock)

Ferrocarril transaustraliano

Sydney.

N
O E
S

0   200 millas

0   320 km

Mar de Tasmania

La línea de ferrocarril transaustraliana recorre el **interior australiano**. Antes de que fuese construida, las personas tenían que atravesar el **desierto** a pie o en camello. En la actualidad, muchas personas prefieren trasladarse de una ciudad a otra en avión.

El teatro de la Ópera de Sydney se encuentra junto al puerto de Sydney. Sydney es la ciudad más grande y antigua de Australia. En el año 2000, los Juegos Olímpicos se celebraron allí.

El techo del teatro de la Ópera de Sydney se asemeja a las velas de los **yates**.

▲ *Éste es el teatro de la Ópera de Sydney.*

Uluru es una montaña de roca rojiza ubicada en la zona central de Australia. También se conoce como Ayers Rock. Uluru es un lugar sagrado para los **aborígenes**. En su superficie hay pinturas rupestres. Al atardecer, parece de color púrpura.

Uluru es el nombre aborigen de esta roca. Significa "muchas cabezas".

▲ *Ayers Rock también se conoce como Uluru.*

La Gran Barrera es el **arrecife** de coral más grande del mundo.

▲ La Gran Barrera de coral

La Gran Barrera de coral se extiende sobre la costa noreste de Australia. El coral está formado por los esqueletos de millones de diminutas especies marinas y adopta muchas formas y colores. Miles de especies de peces nadan cerca del coral.

Datos y cifras

Montañas más altas de Australia y Oceanía

Nombre de la montaña	Altura en pies	Altura en metros	Áreas en Oceanía
Monte Kosciuszko	7,310	2,228	Nueva Gales del Sur
Monte Townsend	7,247	2,209	Nueva Gales del Sur
Monte Twynam	7,201	2,195	Nueva Gales del Sur
Rams Head	7,185	2,190	Nueva Gales del Sur
Montaña Etheridge	7,152	2,180	Nueva Gales del Sur

Los ríos más largos de Australia y Oceanía

Nombre del río	Longitud en millas	Longitud en kilómetros	Estado australiano
Murray	1,570	2,520	Nueva Gales del Sur, Australia meridional
Murrumbidgee	980	1,575	Nueva Gales del Sur
Darling	860	1,390	Nueva Gales del Sur
Lachlan	850	1,370	Nueva Gales del Sur

Datos récord de Australia

Algunas ciudades de Australia se encuentran separadas por distancias de 93 millas (150 kilómetros).

La Gran Barrera es el arrecife de coral más grande del mundo. Se extiende unas 1,243 millas (2,000 kilómetros).

Australia produce una cuarta parte de la lana del mundo. En Australia, la cantidad de ovejas es ocho veces más grande que la cantidad de personas.

Glosario

aborígenes: primeros pobladores de Australia

agua salada: agua que contiene sal, como la del mar

arrecife: línea de rocas o corales ubicada debajo del agua, cerca de la superficie del mar

bolsa ventral: parte del abdomen de los canguros donde llevan sus crías

capital: ciudad donde trabajan los dirigentes del gobierno

clima: conjunto de condiciones atmosféricas que caracterizan una región

desierto: área seca y calurosa, con pocas lluvias

ecuador: línea imaginaria que divide la Tierra por la mitad

hacienda: granja muy grande donde se crían animales

interior australiano: desierto, región alejada de las ciudades

minería: extracción de minerales que se encuentran debajo de la superficie de la Tierra

palmeada: pata que tiene los dedos ligados entre sí, como las patas de un pato

pico: parte más alta y puntiaguda de una montaña

selva tropical: selva con densa vegetación y abundantes lluvias todo el año

suburbio: área de casas ubicada en las afueras de una gran ciudad

yate: embarcación para navegar

Más libros para leer

Geis, Patricia. *Pequeño maorí*. Combel, 1999.

Kalman, Bobbie, Sjonger, Rebecca. *Explora Australia y Oceanía*. Crabtree Publishing Co., 2007.

Spilsbury, Louise y Richard. *Watching Kangaroos in Australia*. Chicago: Heinemann Library, 2006.

Índice